L'EUROPE

IMPÉRIALISTE

PAR L'AUTEUR

DE

« L'EUROPE REVOLUTIONNAIRE »

Facias rem

(Horace.)

—————

PARIS

SE TROUVE

A LA LIBRAIRIE GÉNÉRALE DES AUTEURS

10, RUE DE LA BOURSE, ET RUE DES COLONNES, 9

—

1866

A MONSIEUR LE COMTE XAVIER BRANICKI

HOMMAGE DE L'AUTEUR

Mon cher Monsieur le Comte,

Vous aussi vous avez préféré l'exil aux dignités. Vous n'avez pas voulu de l'autorité de celui qui écrit « *Byte po semu.* » (*Sic voleo, sic iubeo*). Aujourd'hui les Russes me disent : « Nous ne pouvons pas souffrir dans notre avant-garde dix-huit millions d'hommes hostiles, et voilà pourquoi nous avons été réduits à la triste nécessité de déporter deux cent mille familles polonaises en Sibérie. » C'est ainsi qu'un crime en amène un autre, et que le partage de la Pologne a conduit à l'oppression la plus dure des Polonais, qui n'ont aucune raison d'aimer les Russes ni de s'accommoder de leur Gouvernement, qui fait du communisme en Pologne, tout en criant contre le nihilisme. L'émancipateur des serfs russes est devenu l'oppresseur le plus dur des Polonais. Pour échapper à ses embarras financiers, la Russie pourra se jeter dans une guerre européenne ; mais le mouvement des idées sera plus fort qu'elle.

La sage modération de vos opinions en assure le succès. C'est bien remplir sa vie que de travailler au triomphe de la justice, à la défaite de la violence et de la force brutale. On peut être meurtri ou écrasé dans une lutte inégale, mais les principes survivent et empruntent une vitalité nouvelle aux cendres mêmes des martyrs. A vous d'être ambos et à moi enclume. Sur ce, je prie Dieu de vous avoir sous sa sainte garde, et je me dis

Votre tout dévoué,

Ivan GOLOVINE.

28 juin 1866.

PREFACE

L'Empire, c'est tout ce qu'il y a de grand et de gigantesque, c'est tout ce qui est taillé dans le roc et bâti pour des siècles et non pas sur le sable. Aussi ce n'est pas aux pygmées orléanistes à réaliser, à continuer, à représenter ou à comprendre seulement l'œuvre du géant.

Je me suis souvent demandé si Napoléon Ier était revenu de l'île de Sainte-Hélène comme il est revenu de l'île de Sainte-Elbe; si, vingt-sept ans après sa chute, il avait ressaisi le pouvoir, qu'aurait-il fait? La France s'étant reposée en attendant, l'aurait-il poussée encore une fois contre la *perfide Albion?* Non. Aurait-il partagé l'Europe avec le tzar Alexandre, ce « Grec du Bas-Empire, » ou bien aurait-il donné l'Egypte aux Anglais, la Turquie européenne aux Russes et la Syrie aux Français, ou aurait-il laissé la Porte mourir de sa belle mort et devenir un désert en Asie comme en Europe, la proie du Bédouin et de l'Albanais? Il aurait réconcilié l'islamisme avec le christianisme par Abd-el-Kader! Aurait-il rétabli la Pologne, ne fût-ce que le duché de Varsovie, ou bien aurait-il formé une légion polonaise marchant à ses victoires et partageant sa gloire? — Il aurait déchiré les traités de 1815 et aboli la Sainte-Alliance, mais aurait-il su, aussi bien que son neveu, diviser pour commander? L'Unité européenne, cette idée que la Sainte-Alliance lui a volée, ainsi qu'il le disait à Sainte-Hélène, l'aurait-il réalisée dans le domaine moral aussi bien qu'en politique? C'est que le monde intellectuel a progressé pendant ces trente années, et l'Empereur aurait dû se réformer lui-même pour se mettre au pas avec le siècle.

Oui, il aurait protégé la classe ouvrière, affermi l'armée industrielle. Allié aux États-Unis, aurait-il encouragé les Russes à prendre les Indes? Son ombre a dû sourire en voyant le drapeau français flotter à Pékin et des écoles françaises établies en Cochinchine, lors même que le commerce anglais supplante au Japon le commerce français.

Le suffrage universel, cette conquête de la république, il l'aurait conservé et propagé. Il n'aurait peut-être pas affranchi l'Italie, et c'est un tort qu'il aurait eu; il n'aurait pas placé un Autrichien sur le trône du Mexique, et ce n'est pas son neveu qui ira jamais se livrer à la magnanimité des Anglais.

Membre de l'Institut, l'auteur des *Commentaires de Jules César* aurait cultivé et protégé les lettres qui s'ouvrent aujourd'hui un accès à tous les trônes, au point que le roi de Saxe a écrit sous un nom emprunté, que la reine Victoria édite les *Mémoires du Prince Albert* et que la famille de Napoléon compte autant d'auteurs que de membres.

Si j'étais le roi de France, a dit Frédéric II, il ne se tirerait pas un seul coup de canon en Europe sans mon consentement, et Napoléon III est bien le Napoléon Ier de la diplomatie.

Le second traité de Paris, du 20 novembre 1815 (1), enleva à la France Landau, Sarrelouis, Versoix, Philippeville, Marienbourg, et Huningue. C'est le moins que les fils de Blucher fassent rendre à la France ce qu'ils lui ont fait perdre après Waterloo.

(1) Voy. *Histoire d'Alexandre Ier*, par Ivan Golowine.

L'EUROPE IMPÉRIALISTE

Avant cinq ans l'Europe ne sera ni républicaine, ni cosaque, mais impérialiste. Elle sera divisée en huit ou dix empires. Le suffrage universel votera en Russie pour les Romanoff-Holstein-Gottorp, le *mougik* apprenant d'ici-là ce que sont les uns et les autres.

En Prusse, il votera pendant quelque temps au moins pour les Honenzollern et en Hongrie pour les descendants de Marie-Thérèse. La Scandinavie pourra former un empire avec le Danemark et la Finlande. La Pologne sera rétablie avec la dynastie saxonne. La Suisse restera la forme-modèle de la démocratie. Les fils du roi galant homme se maintiendront en Italie malgré les Mazziniens.

LA POLITIQUE PERSONNELLE

Il n'y a qu'un seul homme d'État en France, c'est l'Empereur ; ses ministres ne sont que ses commis irresponsables. La politique personnelle a donc les avantages immenses qu'elle présente, mais elle doit aussi avoir les inconvénients qui lui sont propres. L'Empereur est un homme universel ; élevé en Allemagne (à Augsbourg), il a assez longtemps habité l'Angleterre, les États-Unis et la Suisse, pour connaître les institutions de ces pays, leur fort et leur faible. Il sait plusieurs langues, tandis que les Français ne savent ordinairement que leur propre langue et ignorent la géographie et la statistique.

On se trompe lorsqu'on appelle cette politique une politique d'expédients et non de principes. Elle a toujours tendu à déchirer les traités de 1815 et à restituer l'indépendance aux nationalités opprimées.

Seulement cette dernière question n'est pas aussi simple qu'on le croit. Toujours défaire et toujours recommencer l'œuvre, c'est condamner l'humanité au supplice de Sisyphe. Évoquer des nationalités mortes, c'est réédifier la tour de Babel. Or, s'il ne peut être question de rétablir les Basques et les Bretons, ne vaut-il pas mieux laisser les Croates et les Dalmates sous la domination autrichienne? Aussi lorsque M. le duc de Morny disait, que si l'Empereur était attaqué, il lui conseillerait de soulever les nationalités : il ne voulait sans doute parler que des Hongrois et des Polonais. Le retour du Schleswig-Holstein à l'Allemagne met aujourd'hui l'Europe en feu et, au lieu de rendre au Danemark la Norvége qui lui a appartenu avant 1815, on lui conseille de s'unir à la Suède, pour former un empire scandinave avec la Finlande, qu'il n'est pas aisé de détacher de la Russie.

Si la Russie faisait encore une guerre contre la France, elle serait révolutionnée de fond en comble. L'empereur Napoléon est dans le vrai, et l'empereur Alexandre ne se décide pas à y entrer.

LA DIPLOMATIE

La diplomatie n'est pas une chose aussi aisée qu'on le croit. Elle exige des connaissances approfondies de l'histoire, de la géographie, de la statistique, du droit des gens et du droit puplic, ou de la constitution des différents États. Elle demande des capacités qui ne sont pas vulgaires ; l'habitude du monde, de la société, la connaissance du cœur humain. On en a fait une espèce de rouerie traditionnelle qui consiste à tromper tout le monde, se rappelant le mot de Talleyrand, que la langue est donnée à l'homme pour cacher sa pensée. Cette tendance de l'esprit donne aux diplomates des principes qu'ils ne sauraient traduire dans la vie privée sans de grands inconvénients. Le brigandage et la violence, ces traditions du moyen âge, ne sauraient exister toujours dans les rapports internationaux et des maximes morales doivent y dominer avec les progrès de la civilisation générale. Au respect des traités il faut joindre le principe humanitaire et celui qui dit que ce qui n'est pas juste ne saurait être utile.

Il y a des écoles de diplomatie ailleurs qu'en France ; l'étude des langues étrangères y est de première nécessité, et l'on a bien tort de considérer les ambassades comme des sinécures ou des témoignages de faveur.

L'empereur Nicolas a dit aux examens du grand-duc Constantin :

« La meilleure diplomatie est une bonne armée, et cependant c'est à la diplomatie et non pas à son armée, que la Russie doit ses plus grands succès. »

La diplomatie qui manque aux autocrates, c'est le savoir de temporiser, digérer les insultes et retarder les revanches. En politique étrangère, le souverain le plus puissant n'est pas omnipotent ; accepter des luttes inégales, quand même l'honneur y est engagé, est un crime de lèse-humanité et de haute trahison.

« La victoire, a dit Napoléon Ier, est toujours du côté des gros bataillons. » Mais se mettre quatre et cinq contre un, n'est pas brave ; la politique des *partageux* est aussi hideuse au dehors qu'au dedans.

Les diplomates russes dépensent pour leur instruction jusqu'à 400,000 francs dont ils recueillent les intérêts par un service largement rétribué, et cependant M. de Nesselrode (1) disait que les Russes ne lui ont donné que du fil à détordre, et les Allemands sont systématiquement préférés.

La diplomatie française est trop centralisée ; les diplomates anglais ont plus d'initiative, leur individualité est plus respectée.

(1) Son fils a publié une partie de ses mémoires dans une revue russe. Il en appert que le père du chancelier russe a servi dans le royal-Allemand de France.

L'ALLIANCE ANGLO-FRANÇAISE

Si le deuxième Empire a fait un mouvement heureux sur l'échiquier de la politique, cela a été de ne pas vouloir représenter la défaite de Waterloo, de s'éloigner des traditions du premier Empire, de la haine pour les geôliers de Napoléon Ier à Sainte-Hélène. En effet, la politique apporte des fruits différents et souvent des exigences diverses ; mais les alliances sont comme des associations ou des mariages : pour être durables, elles demandent des ménagements réciproques.

Le grand-duc Constantin a dit à Toulon que les Français avaient tiré, en Crimée, les marrons du feu pour les Anglais. Ils se sont refusés de le faire dans la Baltique : de là un commencement de refroidissement. Les Anglais ont abandonné les Français au Mexique ; mais ils reculeront toujours devant une guerre avec les États-Unis. Ils ont voulu que les Français fissent leurs affaires dans les duchés, mais ce n'est pas ce qui aurait porté atteinte à la puissance maritime de la France.

On me disait à Londres, en 1855 : « Tant que Napoléon III sera avec l'Angleterre, il ne tombera pas. » L'Angleterre n'a pas voulu marcher de concert avec la France dans la question polonaise ; mais elle ne s'est décidée à aller en Crimée que lorsqu'elle a vu la France décidée à marcher toute seule. Ce n'est jamais l'alliance avec la Russie qui pouvait remplacer les avantages de l'alliance avec la Grande-Bretagne ; on commande à l'univers avec cette dernière beaucoup plus sûrement qu'avec la première.

L'Angleterre a beaucoup fait pour l'indépendance de l'Italie, en soutenant Garibaldi ; mais elle a vu d'un œil jaloux l'annexion de Nice et de la Savoie, et aujourd'hui elle déclare confidentiellement qu'une augmentation du territoire de la France la ferait sortir de sa neutralité : c'est là le plus grand obstacle à la continuation de l'alliance. Le *Times* lui-même n'a pour les traités de 1815 que peu de répugnance.

L'ALLIANCE DES ÉTATS-UNIS
AVEC LA RUSSIE

S'il y avait une dynastie aux États-Unis, ils pourraient former un Empire ; mais il n'y a ni dynastie ni prétendants, et ni les savants de Boston, ni les financiers de New-York, qu'on appelle *Empire-City*, ne se porteront candidats au trône. La doctrine de Monroë, *the manifest destiny*, règnera donc en Amérique ? Alexandre Humboldt nous disait à Berlin, qu'au congrès de Vérone, le Brésil étant en révolution, il dit à l'empereur Alexandre : « Si le Brésil se déclare en république, le nouveau monde sera tout entier à la démocratie. — Je n'ai jamais eu à me plaindre des républiques, » répondit le tzar.

Nous avons connu un citoyen de Boston qui a refusé de grands honneurs en Russie, disant qu'il préférait rester citoyen américain que de devenir sujet d'un autocrate.

Les États-Unis n'ont cependant pas d'objection à s'allier à l'Empire des tzars et l'on se trompe en croyant que cette alliance rendra la Russie libérale. — Nous sommes des républicains, mais nous ne sommes pas des libéraux, nous ont dit des citoyens suisses et des citoyens américains qui trouvaient nos écrits trop libres.

/ C'est encore émettre un paradoxe que de dire que les États-Unis et la Russie se complètent les uns par l'autre. Ce sont deux pays agricoles, riches en terres et pauvres en industrie, peu peuplés et qui ont des avenirs incertains, pour ne pas dire qu'ils sont destinés à se diviser en une quantité d'États.

La haine de l'Angleterre est pour beaucoup dans le rapprochement des Américains et des Russes.

L'Empire universel n'est pas dans le Bosphore ou la Méditerranée, il est dans l'Atlantique ou dans l'océan Pacifique, et *Vladi Vostok* dit assez où la Russie veut dominer en Orient. Sa flotte dans le Pacifique est aussi forte que l'était sa flotte dans la mer Noire.

Les États-Unis, de leur côté, en prenant le nom d'Amérique, se posent en antagonistes de l'Europe et disent ouvertement qu'ils veulent dominer dans le nouveau monde.

L'EMPIRE MEXICAIN

La facilité avec laquelle on s'est engagé au Mexique n'a été égalée que par la promptitude avec laquelle on s'en retire. On n'a pas voulu se déclarer pour les États du Sud ouvertement et partager l'Union en deux pour toujours ; or, le cabinet de Washington n'a jamais cessé de déclarer qu'il lui était indifférent que les Mexicains se donnassent un Empereur, mais qu'il ne souffrira pas l'intervention des étrangers.

Aujourd'hui les Yankees disent: « The French don't want to fight us. » (Les Français ne veulent pas nous faire la guerre, notre flotte est trop belle.) Cependant on vient de prouver, même au Chili, qu'il n'y a pas de cuirasse de navire à l'épreuve des boulets côniques d'un grand poids.

Que l'empereur Maximilien ait été appelé au trône du Mexique par considération pour sa mère, l'archi-duchesse Sophie, ou pour le compenser de la perte de sa vice-royauté de Lombardie, il est certain qu'il faut toute sa capacité pour mener son œuvre à bonne fin.

Son armée ne peut plus se recruter ni en Autriche ni en Belgique, la compagnie de colonisation à la tête de laquelle se trouvait un Américain à échoué,

les ressources financières sont insuffisantes et la
guerre civile ne cesse de dévaster le pays. La position
n'est guère tenable ; mais on a tant attaqué Napoléon III sur cette expédition que nous laisserons à
MM. de Lamartine et Michel Chevalier (1) le soin de
la défendre sous le point de vue des races latines. A
présent qu'elle est terminée, ils disent aux Mexicains :
Adieu, messieurs, nous ne vous reverrons jamais.
L'indemnité de 250 millions à payer à la France,
serait-elle même garantie par la recette des douanes
de Santa-Cruz et de Tampico, sera un lourd fardeau
pour le Mexique.

(1) La fable du *Loup et de l'Agneau* est spirituellement commen-
tée par M. M. Chevalier dans sa brochure *la Guerre et la Crise Européenne.*

L'EMPIRE RUSSE

La Russie a toujours le privilége de se faire craindre. Elle n'a qu'à envoyer une division en Moldavie pour amener les plus grandes complications, pour faire renaître la question d'Orient et faire dépenser des centaines de millions dans une nouvelle expédition d'Argonautes. Elle n'a qu'à faire mine de vouloir passer le Pruth, ce Rubicon moderne, pour mettre l'Occident en émoi. Cela finirait bien par une nouvelle *tuerie de Russes* et par la prise de la moitié d'une ville, mais que de poudre ne faut-il pas brûler pour cela! Et comme l'Angleterre peut être occupée aux Indes ou ailleurs, la France sur le Rhin ou ailleurs, la Russie peut avoir, d'un moment à un autre, la liberté d'action. En tout cas, les pertes qu'elle ferait sur sa frontière occidentale seraient bien vite compensées au centuple en Asie, où personne n'a la faculté de la contrôler ou de la suivre.

La Russie a le privilége de ne pas être connue. Elle commence à l'être un peu, mais le colosse aux pieds d'argile n'en est pas moins un colosse: cet eléphant est un ennemi incommode pour le lion comme pour l'aigle. Espérons que les Russes eux-mêmes ne voudront pas répandre leur sang pour cimenter les trônes de leurs grandes-duchesses et des princesses allemandes alliées à leurs tsars.

La Russie craint beacuoup le parti révolutionnaire, c'est son cauchemar ; elle le voit partout, à Yassi comme à Varsovie ; mais comme ce parti n'est appuyé que bien faiblement, il n'a rien de bien dangereux pour les frontières russes.

Grâce à l'habileté du prince Gortschakoff, la diplomatie russe s'est relevée de ses défaites de 1854, où elle avait conçu une idée exagérée de la valeur de son armée. Dans la question polonaise, elle a eu le dernier mot, parce que la France a l'erreur de croire qu'elle ne peut à elle seule combattre la Russie, qu'il lui faut l'Angleterre ou au moins l'Autriche pour l'assister.

La Russie peut bien faire pencher la balance de son côté en y jetant, en temps opportun, une centaine de mille hommes ; mais dans toutes les questions vitales, elle est bien devenue une puissance de second ordre.

Prolétariat et prétoriat, nihilisme et despotisme, voilà les seules issues du gouvernement russe ; le libéralisme est mis de côté, on eût dit que le peuple russe n'est pas créé pour la liberté. La question n'est qu'entre le conservatisme et le favoritisme d'un côté et le socialisme de l'autre. De Scylla il faut tomber en Charybde ; du communisme dans le système de la complicité morale. Les fils des prêtres (*kouteïniki*) et les commis de l'administration (*pismovodjtili*) ne respirent que haine pour les propriétaires (*zemlovladéltzi*), que tout le monde conspire à ruiner, afin de faire durer le despotisme pendant quelques siècles de plus.

Ce qu'il y a d'affreux en Russie, c'est cette immoralité qui déborde dans toutes les classes : ces Grecs de haut parage et ces faussaires du grand monde, ces prostituées titrées et ces voleurs chamarrés sur toutes les coutures de leurs uniformes, et rien pour arrêter ce relâchement des mœurs !

Dans toute cette multiplicité des Empires, c'est tout au plus s'il y aura une place pour un royaume de Pologne ; mais les idées napoléoniennes ne seraient pas remplies si le rétablissement de la Pologne ne s'achevait pas : craindre l'anarchie polonaise et ne pas craindre le despotisme russe, c'est se tromper doublement sur la civilisation de notre siècle.

L'Empire français n'apportant pas d'empêchement au développement de la Russie en Asie, le rétablissement de la Pologne devient un détail.

L'EMPIRE AUTRICHIEN

Si l'Autriche avait l'esprit de sa position, elle deviendrait un Empire slave ou slavo-magyare, elle sortirait de la confédération germanique et n'y pèserait pas avec ses populations tchèques et slaves. Ses Croates et Roumains ne font pas partie de la confédération germanique, mais les Bohêmes et les Moraves y figurent assez peu à leur avantage.

Empire magyaro-slave et Empire constitutionnel et libéral, l'Autriche deviendrait une digue contre la Russie autocrate et l'obligerait à traiter ses peuples d'une manière plus digne.

Au lieu de chercher des compensations pour la Vénétie en Allemagne, elle ferait mieux de les prendre ailleurs. Ce n'est pas la peine pour l'archiduché d'Autriche, pour une grande minorité de sa population, d'épouser toutes les tribulations auxquelles l'Allemagne sera exposée pendant longtemps.

L'avenir que nous entrevoyons pour l'Autriche lui est imposé par la force des choses. Dès qu'elle est entrée dans la voie constitutionnelle, elle est obligée de suivre les vœux de la majorité de sa population, qui est hongroise et slave.

L'EMPIRE PRUSSIEN

Après M. de Stein, l'homme le plus remarquable qu'ait produit la Prusse est M. le comte de Bismark.

Il est ambitieux, tout homme l'est sans doute; mais jamais ministre ou concitoyen ne conçut un projet aussi vaste que le sien.

Il voudrait faire de la Prusse un État prépondérant, reviser la constitution fédérale, marcher sur les brisées de Napoléon III, introduire le suffrage universel, et régner par lui, en se conciliant les démocrates et le roi Guillaume. Malheureusement les démocrates et les libéraux se méfient de lui et le roi a des scrupules pour s'appuyer sur la volonté nationale. Aussi, lorsque M. de Bismark est mal avec le roi, il se déclare invariablement malade; il fait venir son médecin de Francfort pour aller secrètement à Paris.

Une simple aiguille menace de bouleverser le monde, et les fusils prussiens à aiguille, dont l'effet est foudroyant, semblent devoir donner la prépondérance aux Prussiens, qui ne veulent plus entendre parler de concessions.

M. Thiers, l'historien du premier Empire, et pour lequel le second a l'air de n'avoir rien fait, voudrait faire revivre les traités de 1815, et a fait une version de la question des duchés qui n'est pas conforme à la vérité. C'est la Bavière qui, ne pouvant se venger de l'expulsion du roi Othon de la Grèce par l'Angleterre, a voulu en punir le Danemark, et a obtenu l'exécution fédérale que la Prusse a prise à son compte, tout en étant obligée de s'associer l'Autriche. Mais le bien volé ne profite à personne et les conquérants n'arrivent pas à s'entendre entre eux.

M. de Bismark jalouse l'Autriche du rôle qu'elle a joué dans la question d'Orient; mais si l'on ne s'est pas adressé à la Prusse, c'est parce que son roi avait déclaré alors qu'il ne pouvait pas être avec la Russie et qu'il ne voulait pas être contre elle.

Le roi Guillaume devient un révolutionnaire de la trempe de *l'Opinion Nationale;* il s'allie à Victor-Emmanuel; il éteint les bougies du droit divin sur les trônes de l'Allemagne, lui qui crachait à la figure des prisonniers badois, et en 1848, à Berlin, disait aux soldats : « Schiesst mir die Hunde nieder! » (Tuez-moi ces chiens!) Nous avons assez vécu pour voir et croire à toutes ces métamorphoses. Le roi le plus féodal, qui a empêché la réalisation du programme de 1859, conclut une alliance offensive et défensive avec l'Italie. M. de Bismark voulait être le Cavour du Nord, et faire de son roi le protecteur de la fédération germanique. Quant à Garibaldi, qu'on appelait en Prusse Ribaldo en 1859, on attendra qu'il se produise.

L'EMPIRE GERMANIQUE

A part l'Autriche et la Prusse, il reste encore en Allemagne assez de territoire et de population pour former un troisième Empire, qu'il soit placé sous un même sceptre ou appelé à former une union compacte. Ce troisième Empire pourrait tenir tête soit à la Prusse, soit à l'Autriche, ou donner la prépondérance à celui de ces deux États auquel il voudra se joindre. C'est là une idée qui n'est pas neuve, c'est l'idée du trio ou de la triade (*Trias*).

L'Allemagne ne veut être ni prussienne ni autrichienne. Les Allemands ont assez appris à lire et à écrire pour faire un bon emploi du suffrage universel. Ce n'est pas un congrès tenu à l'étranger qui peut déterminer la constitution fédérale de l'Allemagne.

Les Prussiens ne sont pas populaires en Allemagne, où l'on dit qu'ils sont devenus pires que les juifs. La Prusse est une grande caserne, et à mesure que la civilisation progresse, la guerre perd de ses attraits. Ce n'est donc pas dans la maison des Hohenzollern que l'Allemagne prendra son empereur.

Si la Suisse est arrivée à une constitution fédérale après le Sonderbund et a posé des limites à la souveraineté des cantons, pourquoi l'Allemagne n'arriverait-elle pas à en faire autant ?

Pour arriver à l'*homogénéité* de ses frontières, la Prusse a fait une effraction à main armée chez ses petits voisins. On a fait prisonnier l'électeur de Hessen-Cassel, le pire des souverains allemands. Le descendant des Guelfes, l'aveugle roi de Hanovre, s'est retiré chez son beau-père, et son armée, après avoir défait les Prussiens, à Langensaltza, a capitulé. Le roi Jean de Saxe, fugitif à son tour, ne peut pas compter sur l'appui de la France, qui se souvient de sa trahison à Leipzik, et non pas du congrès de Vienne, qui a partagé la Saxe, pour sa fidélité à la France. On se souvient, à Berlin, qu'une partie de la Bavière a appartenu jadis à la Prusse, et l'on maudit, à Vienne, les Bavarois, pour avoir manqué à la bataille de Sadowa. Ce serait bien étonnant aussi si les princes de Reuss, de Lippe, de Dessau, etc., ne rentraient pas dans la vie privée.

L'EMPIRE ITALIEN

Ce que l'Italie a de mieux à faire, nous disent les uns, c'est de se tenir tranquille. Les Italiens n'ont pas d'argent et ne savent pas se battre. Quelques bataillons de Croates traverseront toute l'armée italienne comme un troupeau de moutons.

— Ce que nous avons le plus à cœur de prouver, disent les Italiens, c'est que nous ne sommes pas un peuple de musiciens, il nous faut la gloire militaire. Charles-Albert avait trahi l'Italie d'avance, de là la défaite de Novare, mais les défenses de Rome et de Venise disent assez ce dont nous sommes capables.

Les Autrichiens ou les journaux autrichiens répondent à cela que la brigade de Savoie n'est plus, et qu'elle était le noyau de l'armée piémontaise, que les conquêtes de l'Italie sur l'Autriche sont passagères et les concessions de territoire qu'elle peut faire à la France sont permanentes.

L'Italie ne peut pas se ruiner à garder une armée de 300,000 hommes sur pied en présence du quadrilatère autrichien en Vénétie, elle doit tendre à entrer en possession de ses frontières naturelles.

Les événements semblent justifiés les prévisions des pessimistes. L'anniversaire de la bataille de

Solferino a été le jour de la défaite de Custozza. L'armée du roi s'est séparée pour se mieux réunir; mais l'ennemi l'a empêchée de le faire par une simple démonstration, et l'a rejetée sur le territoire lombard, où il se propose de la poursuivre. La France fera-t-elle sortir son épée pour aller au secours de son alliée?

L'Autriche, en cédant la Vénétie, a donné un grand exemple et a fait preuve, quoique tard, d'habileté politique. Garder un pays qui coûte plus qu'il ne rapporte et qui provoque des guerres perpétuelles est le comble d'un orgueil insensé. La Russie devrait en agir de même de la Pologne.

La France, sans coup férir, a obtenu ainsi un grand succès. On nous dit qu'avec ces monarchies militaires nous n'aurons pas de liberté. Espérons que nous en aurons assez pour faire triompher le principe des nationalités indépendantes. Quant au Saint-Siége, réduit à l'interprétation des livres sacrés, l'orgueil du sacerdoce ne troublera plus le repos du monde.

L'EMPIRE OTTOMAN

La Sublime-Porte est plus malade que jamais, malade surtout d'avoir trop de médecins. Elle a gagné à l'intervention des puissances occidentales d'avoir perdu définitivement les principautés et d'y voir le protectorat de trois remplacer celui d'une seule. Ses amis n'ont pas compris qu'ils ont fait plus de bien aux Roumains qu'aux Turcs. Ils ont dû intervenir, même en Syrie, pour protéger les chrétiens, ce qui n'a pas empêché les Maronites de se soulever encore une fois. Ils ont laissé massacrer les Monténégrins qui, aujourd'hui, se mettent à la disposition de l'Autriche par crainte des Italiens.

Il a été beaucoup parlé d'un Empire grec prenant la place de l'Empire turc, et maintenant que des liens de parenté relient la cour de Saint-James avec celle d'Athènes, la réalisation de ce projet n'est pas tout à fait impossible. Il est resté sous la domination turque plus de Grecs qu'il n'en est entré dans la composition du royaume de Grèce.

Un diplomate russe qui n'est pas de la religion dominante en Russie, et qui a rédigé le traité de Paris, me disait, les larmes aux yeux, qu'il avait senti toute l'humiliation de la Russie, et qu'il comprenait que la question d'Orient était un cauchemar auquel la Russie devait et ne peut pas renoncer. En effet, il faut connaître à fond la Russie pour pouvoir dire quelle influence l'église russe exerce sur la politique du cabinet de Saint-Pétersbourg. Le clergé russe demande que le temple de Sainte-Sophie soit rendu au culte grec, et les hommes d'État russes ne peuvent que s'incliner devant cette exigence.

Quel service ne rendrait pas le prince Gortschakoff s'il pouvait arriver à son but sans effusion de sang, en persuadant la Sublime-Porte, sa nouvelle ou sa future alliée, de faire cette concession à la politique du rapprochement des deux Empires, ces ennemis séculiers.

L'union projetée ou entrevue de l'Eglise anglicane avec l'Église greco-russe a surtout pour but d'empêcher l'opposition de la Grande-Bretagne à la réalisation de ce plan. Elle doit démontrer que la religion du Bas-Empire n'a rien d'opposé à l'Église réformée, toutes les deux admettant le mariage des prêtres. Mais c'est aux Grecs-Unis ou aux Grecs soumis au passé qu'appartient l'avenir religieux en Orient, le clergé grec étant trop rapace et le culte protestant trop décoloré pour les habitants de ce pays.

ÉQUILIBRE POLITIQUE

La balance politique, qu'on nous passe ce mot, est une grande balançoire. L'histoire universelle n'est pas autre chose que la recherche de cet équilibre; mais était-ce la peine de répandre des torrents de sang pour empêcher l'unité romaine, qui n'a été que le despotisme romain, et que les Barbares ont renversée; la domination de l'Autriche (A E I O U) ou de l'Espagne, qui disait que le monde tremble quand elle bouge?

Aujourd'hui le monde est divisé en deux camps ; le camp absolutiste ou réactionnaire et le camp progressiste. Or, comme c'est à L'IDÉE qu'appartient l'avenir, c'est à elle qu'appartiendra le monde, et cette idée sera cosmopolite ou elle ne régnera pas et sera détrônée, et comme c'est la France qui représente le progrès, c'est à elle à être à la tête du mouvement.

La paix éternelle est la sœur aînée du cosmopolitisme. Irréalisable du temps de Henri IV, elle devient possible, non grâce à un congrès des peuples siégeant en permanence, mais grâce à un équilibre établi une fois pour toutes.

Faisons donc des vœux pour que la guerre actuelle, générale ou non, soit la dernière et que la boucherie humaine évoquée par M. de Bismark soit définitivement close, afin qu'on puisse dire :

« Le glaive brisera le glaive et du combat naîtra l'amour. »

Ainsi que M. Saint-Marc de Girardin l'a judicieusement observé (1), ce n'est pas la Turquie qui maintient l'équilibre politique, c'est l'équilibre politique qui maintient la Turquie. L'avenir de l'Orient n'est pas aux puissances dont la défiance et la jalousie empêchent la solution de cette question, il n'est même pas aux *Rayas* qui forment un État chrétien dans un État mulsulman, il est à la colonisation européenne.

Les États-Unis sont un État cosmopolite et l'exclusion de la nationalité en fait la force et l'avenir. C'est là où l'Europe doit tendre, *volens ou nolens*. Elle ne peut y arrriver que par la civilisation qui unit les peuples et que la France représente encore mieux que l'Angleterre, plus intéressée et plus conservatrice dans sa politique. C'est en vain que la Russie s'oppose à ce torrent qui l'emporte, c'est en vain qu'elle s'allie à l'Autriche, qui venait d'entrer dans la voie constitutionnelle, si bien que l'homme éminent qui dirige les affaires étrangères de la France voulait en faire une alliée avant de pencher

(1) *La Syrie en* 1861.

pour la Prusse. A force de faire massacrer les hommes par milliers pour des intérêts dynastiques mal compris, la Russie et l'Autriche en sont arrivées à user le nerf de la guerre, qui est l'argent. Leurs finances feront banqueroute comme le principe qu'elles représentent de l'oppression des nationalités soumises à leurs sceptres.

LA GUERRE

Si le « *Cæsar morituri te salutant* » provoque de
tristes pensées dans tout homme digne de ce nom,
le chant avec lequel les soldats prussiens vont à la
guerre :

Morgenrœthe leuchte mir zu meinem Tod
(Aurore du matin, luis à ma mort), n'est pas moins
affligeant. Nous sommes arrivés à dire qu'un homme
en vaut un autre, et voici des milliers d'hommes
qui vont mourir pour le caprice d'un roi ou pour
l'idée d'un général qui peut être fausse et compro-
mettre les intérêts et l'avenir d'un pays ou de plusieurs pays.

On s'accorde à dire que le soldat français est le
premier soldat du monde, mais que l'officier plé-
béien ne vaut pas l'officier aristocratique des autres
pays.

Nous en sommes à nous demander cependant si
le mode de conscription usité en France n'affecte
pas les forces vitales du peuple plus que ne le fait
le mode anglais, et si ce n'est pas à lui, en effet,
qu'il faut attribuer la lenteur de l'accroissement de
la population en France relativement aux autres
pays ?

Par contre, si l'administration de l'armée en
France vaut infiniment mieux que celle des autres

pays, l'administration prussienne est tout aussi bonne et moins coûteuse. Il faut voir comment vole le commissariat autrichien, comment il vend le vin destiné au soldat, et comment, par cupidité, il laisse les vivres se détériorer (1), pour se rappeler les mots d'un homme célèbre : « Le gouvernement autrichien est l'ennemi du genre humain. » Le gouvernement russe, tout en distribuant un pain impossible aux soldats qui donnent leur sang et leur vie pour lui, a cependant plus de compassion pour les besoins matériels, et il a fallu l'aveuglement du grand-duc Michel pour avoir refusé les fusils à aiguille prussiens et plus tard la carabine Minié, ce qui a considérablement contribué aux désastres des Russes en Crimée.

Tout en déplorant la guerre actuelle, nous espérons qu'il sortira du bien de cette saignée générale, un autre bien que le despotisme éclairé et le césarisme raffiné.

L'Autriche dépensait dans la guerre actuelle 60,000 livres sterling par jour, la Prusse, 800,000 thalers. L'aiguille appliquée aux mousquetons de cavalerie et aux canons produira des dévastations qui forceront bien les peuples à arrêter les guerres et à inaugurer la paix universelle. La Sainte-Alliance des peuples remplacera donc celle des cours.

(1) Le jambon à Venise, en 1859, acheté à 1 florin la livre, ne se vendait plus qu'à 4 kruches, grâce aux vers qui s'y étaient mis. N'aurait-il pas mieux valu le donner aux Croates, qui avaient l'air exténué de fatigue et de faim.

Paris. — Typ. Morris et Comp., 64, rue Amelot.

OUVRAGES DU MÊME AUTEUR

A LA MÊME LIBRAIRIE

Clichy ou **la Contrainte par Corps**, brochure in-8° . 1 fr.

Alexandre II ou **la Pologne**. 2

Résurrection de la Pologne et Régénération de la Russie 1

La Constitution russe et la Pologne 1

Manuel du Marchand de Tableaux, 1 vol. in-18 1

Études et Essais, 1 vol. in-8°. 4

PARIS — IMP. MORRIS ET COMP., RUE AMELOT, 64